AF338987

LA VÉRITÉ

SUR LA

QUESTION DES LIEUX-SAINTS,

PAR

QUELQU'UN QUI LA SAIT.

IMPRIMÉ A MALTE.

AOUT 1853.

LA VÉRITÉ

SUR LA

QUESTION DES LIEUX-SAINTS.

LA VÉRITÉ

SUR LA

QUESTION DES LIEUX-SAINTS,

PAR

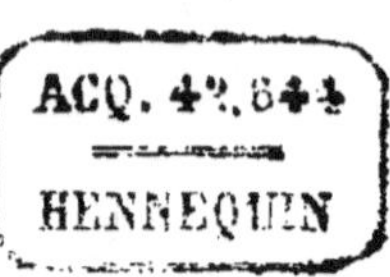

QUELQU'UN QUI LA SAIT.

IMPRIMÉ A MALTE.

AOUT 1853.

LA VÉRITÉ

SUR LA

QUESTION DES LIEUX-SAINTS.

La question d'Orient, qui occupe à un si haut point l'attention publique, est devenue, par sa nature même, une question européenne.

Tout différend ou querelle, qui peut être individuel dans son origine, tombe dans le domaine de la procédure publique, aussitôt qu'il touche aux intérêts de la société. Le duel est puni non pas seulement parce qu'on veut empêcher deux hommes de s'entr'égorger, mais parce qu'il est défendu de se faire justice soi-même. Le droit du plus fort est la loi de la barbarie. La première civilisation, la plus ancienne de l'humamanité, en réunissant les hommes en société et en créant des rapports généraux entre les individus, a abrogé cette loi de la brutalité et a donné à la société

seule le pouvoir de rendre la justice, d'empêcher l'arbitraire.

La civilisation moderne a fait, pour les sociétés, ce
que la civilisation première avait fait pour les hommes ; elle a réuni, pour ainsi dire, en société, les
nations par des liens aussi solides que ceux qui for-
cent les hommes à vivre ensemble et en paix. Comme
toutes les sociétés qui ont fait des lois pour rendre la
justice à ceux qui les composent, la société des nations a fait, elle aussi, les siennes dans le même but,
c'est-à-dire pour empêcher l'arbitraire et la violence.
La loi de cette société, c'est le droit des gens, code
général de toutes les nations civilisées du monde ;
son tribunal, c'est l'opinion publique, qui a dirigé et
dirige toujours les gouvernements qui la représentent.

L'affaire Turco-Russe est actuellement traduite de-
vant ce tribunal qui l'a jugée, de prime-abord, en
faveur de la Turquie; son arrêt est déjà prononcé par
l'assistance morale et matérielle que les grands cabi-
nets ont spontanément offerte à la Porte pour soute-
nir sa cause. Mais, comme le procès est ouvert, la
Russie aussi a voulu s'adresser à ce tribunal en dres-
sant un acte d'accusation contre le gouvernement ottoman. Elle veut se justifier, justifier la violence
qu'elle vient de commettre ou peut-être même amener une divergence d'opinions entre ceux qui devien-
dront juges dans ce grand débat.

Les deux circulaires de M. le comte de Nesselrode
sont l'acte d'accusation, qui vient d'être lancé contre
la Turquie. Le chef d'accusation, c'est la mauvaise foi
du gouvernement du Sultan, la violation de sa promesse. C'est des Lieux-Saints qu'il s'agit.

Tout le monde et surtout le gouvernement ottoman
avait le pressentiment que la question de Jérusalem
servirait de prétexte à la Russie pour chercher querelle à la Turquie ; mais personne n'a jamais cru
qu'elle pourrait être la cause légitime d'une violence.
La raison humaine, le simple bon sens s'y opposaient.

Les circulaires du chancelier de l'empereur Nicolas

sont déjà connues en Europe , et l'appréciation qu'on a fait de ces actes diplomatiques , justifie pleinement ce que nous voulons dire à ce sujet.

D'après tout ce que dit la Russie, c'est l'affaire des Lieux-Saints qui a amené cette situation, et la mauvaise foi de la Porte qui l'a aggravée. Le comte de Nesselrode n'a pas voulu entrer dans les détails de la question : nous croyons, nous, de notre devoir de le faire et d'en donner un historique fidèle.

Depuis que les deux églises se sont séparées, les Lieux d'adoration dans le berceau de la chrétienté sont en litige entre les deux rites. Les Latins, se considérant comme premiers possesseurs des sanctuaires, voulaient les conserver exclusivement; les Grecs, devenus sujets ottomans, leur disputaient cette possession. Les Latins, tous étrangers, voyant que les Grecs sujets ottomans se trouvaient plus favorisés qu'eux, par la nature même de leur condition, sont allés chercher une protection, étrangère également, pour conserver ce qui restait entre leurs mains. Lorsque François Ier conclut le premier traité avec la Porte ou, pour mieux dire, lorsqu'il obtint de Soliman-le-Grand la première capitulation qui est, aujourd'hui encore, la base de toutes les stipulations politiques et commerciales de la Turquie, non seulement avec la France, mais bien aussi avec toutes les autres puissances, la France fit insérer dans cet acte une clause concernant les possessions des Latins à Jérusalem. Cette clause reconnaît aux Latins la possession dans la Ville-Sainte des sanctuaires qui se trouvent entre leurs mains *ab antiquo*, sans néanmoins les désigner. Un autre traité conclu en 1740, en reproduisant textuellement la clause du premier concernant les Lieux-Saints, la ratifie de nouveau, sans pourtant désigner encore les sanctuaires qu'il reconnaît appartenir aux moines Latins. Voilà en quoi consiste tout le protectorat de la France à Jérusalem.

Dans le premier traité, pas plus que dans le second, les sanctuaires que les Latins doivent posséder exclusivement ou en communauté avec les autres rites chrétiens n'étant désignés, des disputes continuelles s'élevaient à ce sujet et, comme il arrive pour les procès ordinaires, ces différends se vidaient quelquefois sur les lieux-mêmes par des actes du tribunal local et plus souvent à Constantinople par des firmans qu'on donnait à l'un ou à l'autre rite; souvent cependant les Grecs, sujets de la Porte, avaient réussi à obtenir des avantages sur leurs rivaux.

Il est d'usage en Turquie, à chaque avènement des souverains, de renouveler tous les firmans qui concernent les possessions ou les priviléges des individus ou des communautés ; les Grecs ont ainsi reçu le dernier firman du Sultan actuel, qui confirme leurs possessions à Jérusalem. Voilà en quoi consistent les immunités séculaires des Grecs dont on parle dans toutes les pièces diplomatiques de la Russie.

Ce n'est pas la première fois que la France a fait de cette question une affaire diplomatique. La première république, gouvernement athée, défendait aussi chaleureusement les intérêts des Latins que les rois très-chrétiens. Cette même république, qui bannissait de France, non seulement les prêtres, mais Dieu lui-même, réclamait, par son représentant à Constantinople, en faveur des jésuites et des priviléges des Lieux-Saints. En effet, la France ne pouvait abandonner une cause qui ne lui appartient pas en propre et dans laquelle elle n'est que le dépositaire des intérêts des autres. On a souvent dit que Louis-Napoléon, président de la république, n'avait pris cette affaire en main que pour gagner à sa cause le clergé et le parti catholique en France. Il est possible qu'il ait voulu profiter de cette question ; mais ce n'est pas lui, il faut en convenir, qui l'a soulevée le premier. En arrivant au pouvoir, il l'a trouvée presque engagée; elle date du temps du roi Louis-Philippe, et c'est un ministre protestant, M. Guizot, qui en voulait commencer la négociation.

Ce fut la disparition de la fameuse étoile qui donna le signal de la lutte.

Dans la grotte où Jésus-Christ est né, il y a deux sanctuaires aussi vénérés l'un que l'autre ; l'un est le lieu où Jésus est venu au monde ; l'autre est l'endroit où se trouvait la crèche qui a servi à l'Enfant-Dieu de premier berceau. Le premier est entre les mains des Grecs, le second entre celles des Latins. Une étoile en argent avec une inscription latine se trouvait suspendue, depuis un temps immémorial, au-dessus du lieu de la nativité. La présence de cette étoile dans cet endroit, que les Latins prétendaient leur appartenir dans l'origine, était une espèce de consolation pour la perte qu'ils avaient faite du sanctuaire même. Lorsque ce symbole fut enlevé par une main inconnue, les Latins jetèrent les hauts cris. Pour eux, ce n'était pas seulement un vol, mais une preuve irrécusable de l'usurpation des moines grecs. Ils réclamèrent la protection de la France, comme dépositaire de leurs intérêts, et le procès fut ouvert, non pas sur ce fait même, mais sur la généralité de la question. Si, à cette époque, les Grecs et les Latins avaient voulu consentir à ce que l'on a fait aujourd'hui, c'est-à-dire à ce qu'une étoile pareille fût mise, par la Porte, à la place de celle qui avait été dérobée, on aurait pu, sans doute, éviter tant de peines et tant de scandale ; mais, hélas ! la haine religieuse des moines des deux partis et leur fanatisme ont tout changé. Les Latins accusant les Grecs de cet enlèvement, voulaient absolument faire constater le vol pour avoir ainsi une preuve des différentes usurpations dont ils accusaient le clergé grec, et en obtenir réparation. Les Grecs, de leur côté, tout en avouant l'existence primitive de l'étoile, accusaient les Latins d'avoir commis le vol et ne consentaient point à ce qu'elle fût remise en place. Cette accusation était inadmissible ; car personne ne peut voler ce qui lui appartient, et, puisque les Grecs admettaient l'existence de l'étoile avant le vol, ils ne pouvaient avoir aucune raison valable pour en empêcher la réinstallation.

La France demanda alors, par l'organe de son ambassadeur, non seulement la réparation de cette offense, mais aussi la restitution de tous les sanctuaires réclamés par le clergé latin. Elle renouvelait, en même temps, la demande de la réparation immédiate de la grande coupole du Saint-Sépulcre par les prêtres catholiques latins. Il faut observer que cette coupole, qui avait était réparée à plusieurs reprises par les Latins, avait, en dernier lieu, été restaurée, il y a soixante-dix ans à peu près, par les Grecs, après un incendie qui l'endommagea à cette époque. Le tombeau de Jésus, étant le sanctuaire le plus vénéré de toute la chrétienté, la rivalité des deux rites s'y heurtait de front, et les Latins ne pouvaient souffrir l'entière possession de ce sanctuaire par les Grecs qui tiennent en propriété exclusive l'endroit même où se trouve le tombeau et la petite coupole qui le couvre.

La grande coupole détériorée par le temps exigeait quelques réparations ; les Grecs en augmentaient, de leurs propres mains, les dégâts pour rendre la restauration indispensable, dans l'espoir d'en obtenir le privilége et consacrer de nouveau, d'une manière solennelle, leur possession exclusive. Ils invoquaient à l'appui de leur prétention le précédent dont nous avons parlé plus haut, et un firman qu'ils possédaient depuis plusieurs années et qui les autorisait à entreprendre seuls la réparation. Les Latins, d'un autre côté, s'y opposaient formellement, et non seulement ils voulaient exécuter les réparations par eux-mêmes, mais ils demandaient aussi le rétablissement de toutes les inscriptions latines qui y avaient existé avant l'incendie, ainsi que la démolition de tout ce qui avait été ajouté à cette époque par les Grecs.

Cet état de choses a suggéré alors à la Porte l'idée de réparer, elle-même et à ses frais, cette coupole, afin d'aplanir toutes ces insurmontables difficultés. Elle en a fait la proposition aux deux parties ; mais le gouvernement du roi Louis-Philippe y ayant découvert, à la stupéfaction du monde éclairé, une *profanation*, et les Grecs, un affaiblissement de leurs prétendus droits, cette sage et conciliante proposition est restée pendant long-temps sans effet. Ce n'est qu'après que l'affaire s'est considérablement compliquée et que les passions se sont réveillées plus ardentes que jamais, que les Grecs, et par conséquent la Russie, y ont accédé avec cette condition, cependant, que l'on y conserverait intégralement toutes les inscriptions grecques déjà existantes. La France, de son côté, et après la révolution de 1848, y adhérait également, mais mettait en avant, pour condition de son adhésion, une demande diamétralement opposée à celle des Grecs, c'est-à-dire, la complète abolition de toutes les inscriptions grecques et leur remplacement par des inscriptions latines qu'elle disait avoir existé avant l'incendie.

On peut facilement concevoir combien ces demandes contradictoires rendaient difficile et désagréable la position du gouvernement du Sultan. Il se trouvait entre des passions monacales et une lutte d'influence déplorablement engagée.

On connaît le résultat qu'a eu à la fin cette question encore pendante à l'arrivée du prince Mentchikoff à Constantinople.

Un reproche qu'on ne peut s'empêcher de faire au gouvernement du Président de la République française, c'est les allures bruyantes qu'il a cru devoir adopter en renouant les négociations, afin d'obtenir *la revendication des sanctuaires usurpés par les Grecs.* Le général de Lahitte, alors ministre des affaires étrangères, a adressé à toutes les puissances catholiques des circulaires pour les inviter à s'unir à la France dans cette cause commune. Les Grecs se sont justement alarmés de cette attitude; ils y ont vu une croisade soulevée et organisée contre eux, contre leurs possessions à Jérusalem. Les mots de *revendication* et de *restitution* que le cabinet français employait, les ont confirmés dans leurs appréhensions. Ces craintes sur le principe mis en

avant par la France, ont été exploitées par les enne-
mis de la Turquie. On les a exagérées outre mesure ;
on a fait croire aux populations grecques que la Porte
était d'accord avec les Latins pour leur enlever leurs
sanctuaires. Et cependant, la Porte a prévu tout cela
dès le commencement. Elle n'a pas cessé de démon-
trer au gouvernement de la République et de chercher à lui faire apprécier toute l'étendue du danger
et toutes les complications dont cette question insolu-
ble dans sa nature et entamée si malencontreusement
était entourée.

Ajoutez à cette frayeur des Grecs, simulée chez les
uns, sincère chez la plupart, les haines invétérées,
la rivalité irréconciliable des deux rites, l'intolérance
proverbiale de leurs clergés, intolérance qui a souvent produit des rixes scandaleuses dans ces plus
grands sanctuaires du christianisme, qui a fait violer
le principe de tolérance posé par Jésus-Christ, par
ceux-là mêmes qui s'en disent les ministres, et vous
aurez une idée de l'immense difficulté et même de
l'impossibilité du succès de l'entreprise de la France.

Si, au lieu de commencer par l'énorme demande de
la restitution de douze sanctuaires, on avait mis en
avant, et d'une manière moins éclatante, ce qui a été
fait plus tard, c'est-à-dire si on s'était contenté de
demander la faculté de participer, avec les autres
rites chrétiens, à l'adoration des sanctuaires dont les
Latins se trouvaient exclus, tout ce que nous voyons
aujourd'hui ne serait point arrivé. Mais, hélas ! les
observations sages et impartiales de la Porte ont été
considérées comme suspectes ; elles n'ont pu être ap-
préciées que trop tard.

Non seulement l'islamisme, plus tolérant, il faut en
convenir, avait, depuis la conquête de la Palestine, mis
en communauté tous les sanctuaires qu'il vénère au
même titre que les Chrétiens (à la seule exception du
Saint-Sépulcre, parce qu'il croit à l'ascension de Jésus
avant sa mort) ; mais il s'était même toujours inter-
posé comme médiateur pour apaiser les dissensions

que les rivalités des rites chrétiens ne cessaient de soulever; tandis que nous avons toujours vu ces derniers faire des efforts continuels pour s'approprier, à l'exclusion l'un de l'autre, les lieux d'adoration commune. C'est cette intolérance qui, depuis tant d'années, excitant toujours les deux rites à rechercher des priviléges exclusifs et à se procurer des documens sur lesquels ils puissent les fonder, a été l'origine de ces mutations de possession qui fesaient alternativement passer les sanctuaires des mains de l'un à celles de l'autre rite.

La Porte, plus intéressée peut-être à maintenir les possessions et les priviléges de ses propres sujets, voulait conserver le *statu quo* et éviter la discussion sur une question épineuse dans le fond, difficile dans la forme. Mais la France, poussée par les exigences des prêtres latins, qui l'accusaient de tiédeur pour le maintien de leurs priviléges, demandait avec instance la reprise des négociations. Le dernier gouvernement de la France cependant, plus raisonnable que celui de Louis-Philippe, voulut, avant d'entrer en discussion, sonder le terrain sur lequel devait avoir lieu le débat. M. Aupick, envoyé extraordinaire de la République, fut chargé de faire un rapport, et ce bon vieux général, plus militaire que diplomate, s'adressa, à cet effet, à des personnes qui avaient, à la vérité, une parfaite connaissance des faits, mais aussi autant de zèle pour la cause catholique. Le rapport fait à la France, sur leur avis, représentait la question comme une des plus faciles à résoudre, ce qui décida ce gouvernement à demander la reprise des négociations d'une manière officielle et catégorique. A cet effet, le représentant de la France remit une note à la Porte dans laquelle, pour la mettre en demeure de se prononcer ouvertement, on posait cette question : « Si la Porte reconnaissait ou non le traité de 1740? » Quel que fût le désir du gouvernement du Sultan d'éviter une discussion dont il prévoyait les conséquences fâcheuses, il ne put répondre que d'une manière affirmative à la question ainsi posée, qui touchait de si près à sa bonne foi et à sa loyauté. Ayant obtenu cette réponse, l'Ambassade de France demanda la nomination d'une commission mixte, en avançant ce principe qu'un acte bilatéral ne pouvant être interprété par une seule des parties, devait l'être naturellement par les deux parties contractantes. Cette demande était conforme au droit public, et la Porte ne put qu'y accéder. La commission fut donc nommée pour examiner les différents documens qui se trouvaient entre les mains des deux rites. Comme membre de cette commission, après Emin éfendi, alors premier interprète du Divan, la Porte nomma M. Aristarchi, logothète du patriarcat grec, malgré les représentations de l'Ambassade française, qui considérait ce dernier comme juge et partie dans la cause ; mais, par cette nomination, la Porte voulait donner aux Grecs, ses sujets, un gage de l'intérêt qu'elle prenait à la conservation de leurs priviléges à Jérusalem. Ainsi que nous l'avons dit plus haut, la clause du traité avec la France, concernant les possessions des Latins, ne désignait pas les sanctuaires qui leur appartenaient; il s'agissait donc de constater, par les documens qui se trouvaient entre leurs mains, les priviléges dont ils étaient en possession, lors de la conclusion du traité de 1740. La commission n'avait d'autre mission que celle d'examiner et d'enregistrer les différents titres que les deux parties pourraient exhiber.

Les Latins réclamaient la restitution exclusive de douze sanctuaires dont les principaux étaient :

La grande coupole du Saint-Sépulcre ;

La grande Eglise de Bethléem ;

Le Tombeau de la Sainte Vierge ;

Une partie du jardin attenant à l'Eglise de Bethléem.

Ils fondaient leurs prétentions sur un firman qu'ils avaient obtenu, environ cinquante ans avant la conclusion du traité de 1740. Or, ce traité leur recon-

naissant la jouissance des lieux qui se trouvaient entre leurs mains à cette époque, et le firman qu'ils
produisaient énumérant les sanctuaires dont ils
avaient la possession, rien, disaient-ils, ne pouvait
invalider leurs droits sur ces sanctuaires, à moins
cependant que les Grecs ne pussent produire un document pour prouver qu'entre la date du firman et celle
du traité, ces sanctuaires étaient sortis de leurs mains.
De leur côté, les Grecs possédaient aussi des firmans
qui leur assuraient la possession de ces mêmes sanctuaires ; mais les dates de quelques-uns étaient anté-
rieures au firman des Latins et celles des autres posté-
rieures à la conclusion du traité. La France n'admettait
pas la validité des premières, parce que celui des Latins
annulait, disait-elle, toutes dispositions précédentes ;
elle n'admettait pas la validité des autres, parce que tout
acte contraire à un traité est nul, lorsque la partie que
cet acte peut léser n'y a pas donné son adhésion.

Quoique la commission ne fût pas appelée à prononcer un jugement sur le fond de la question, son
travail, qui se bornait exclusivement à l'examen des
titres, fesait cependant prévoir l'impossibilité où l'on
se trouverait de réfuter les arguments du parti catholique. Alors la Russie, prévenue du résultat probable
de l'enquête, avant même qu'elle fût terminée, est
intervenue, non pas dans une forme officielle, encore
moins officieuse, mais en plaçant la question dans
une sphère élevée et en dehors des voies usuelles de
la diplomatie.

Une lettre autographe de l'empereur Nicolas fut
adressée au Sultan.

Ce n'est pas la première fois que la Russie use de
ce moyen vis-à-vis de la Turquie ; lorsqu'elle a cher-
ché à empêcher la nomination du prince Alexandre
Caragiorgovitch de Servie, élu par les habitans du
pays ; lorsqu'en 1848 elle a essayé d'engager la Porte
dans une voie de sévérité excessive envers les provinces Moldo-Valaques ; lorsqu'en 1849, elle a voulu
obtenir l'acte de Balta-Liman ; lorsqu'enfin elle voulait

l'extradition des Polonais en 1850, elle a cru que le moyen le plus facile pour arriver à son but était d'envoyer au Sultan des lettres autographes du Czar. Ces lettres que l'on représentait à la Porte comme étant une communication amicale et intime, et que l'on fesait paraître aux yeux du vulgaire que l'on voulait éblouir, comme un ordre de l'empereur envoyé à un inférieur par un de ses aides-de-camp, remplissaient ainsi un double but. Elles avaient, en outre, l'avantage d'engager la personne même du souverain qui ne pouvait, sans heurter personnellement un autre souverain, leur donner une réponse négative. C'est aussi pourquoi les anciens usages diplomatiques avaient toujours tendu à mettre les souverains hors de cause.

La dernière lettre autographe du Czar contenait des représentations en faveur de la conservation intégrale des priviléges religieux des Grecs à Jérusalem ; elle accusait, vis-à-vis de leur souverain, les ministres ottomans, auxquels elle fesait un crime d'avoir reconnu un ancien traité dont l'interprétation pouvait amener le changement du *statu quo*.

C'était la première fois qu'on voyait un souverain adresser à un autre souverain des reproches pour n'avoir pas méconnu ses engagements solennels envers une autre puissance.

Le traité de 1740 est ancien, et d'autres actes, émanés des souverains de la Turquie, avaient changé la situation des Saints-Lieux contrairement à ses dispositions ; mais, disait la France, d'après le droit des gens, ces changements mêmes ne pouvaient toucher aux principes de l'engagement ni donner à la Porte le droit de se refuser à son interprétation.

S'il y avait eu un traité particulier ayant exclusivement rapport à la possession des Lieux-Saints, il aurait peut-être pu exister quelques raisons pour le faire tomber en désuétude, vu les changements amenés depuis long-temps par la force des évènements; mais ces stipulations fesaient partie intégrante du traité sur lequel sont fondées toutes les relations de la France avec la Turquie ; elles ne pouvaient donc être méconnues sans porter atteinte à l'ensemble des engagements généraux : et une fois la base du traité reconnue, on ne pouvait certainement pas en exclure les dispositions de quelques articles.

Avec la Russie, au contraire, la Turquie n'avait aucun engagement concernant les Lieux-Saints ; l'ingérence de cette puissance dans cette question n'était fondée sur aucun droit ; et cependant elle osait reprocher à la Porte d'avoir reconnu l'intervention de la France dont les prétentions étaient basées sur un traité solennel.

Le gouvernement ottoman, fort de ces raisons, aurait pu, tout d'abord, refuser d'admettre une intervention quelconque de la Russie ; mais, par déférence pour une puissance alliée et voisine, il ne voulut pas le faire ; prenant en considération la sollicitude qu'elle affichait pour la religion dominante de ses Etats, et cherchant toujours le moyen de concilier les intérêts de toutes les parties dans une question qui, au commencement, semblait être exclusivement religieuse, il ne ferma pas l'oreille à ses représentations.

Pour chercher à donner une autre issue à ce malheureux débat, la Porte décida la dissolution de la commission mixte et en nomma une autre exclusivement composée d'Ulémas et de fonctionnaires ottomans. C'était un acte de déférence envers la Russie, très peu agréable pour la France ; non seulement une commission établie du consentement des deux parties était supprimée, mais encore cette décision semblait prise sous l'inspiration de la violence d'une puissance à laquelle la France ne reconnaissait aucun droit d'ingérence.

Les reproches adressés au ministère ottoman dans la lettre autographe du Czar ayant surtout été dirigés contre Réchid pacha, alors Grand-Vézir, A'ali pacha, ministre des affaires étrangères, et Fuad éfendi, conseiller du Grand-Vézir, ces ministres, afin d'enlever toute espèce de prétexte à des soupçons de partialité, ne voulurent prendre aucune part à la délibération et laissèrent à la nouvelle commission pleine et entière liberté d'action.

C'est à cette époque que se produisit un fait qui mérite d'être signalé ici. En même temps que la Russie adressait à la Porte des reproches pour avoir reconnu la validité d'un ancien traité, elle fesait, auprès du gouvernement français, des démarches pour l'amener à une discussion directe avec elle, proposant d'imposer à la Porte l'exécution de la décision qu'elles auraient prises dans cette question. Il est facile de comprendre quel était son but ; elle voulait faire reconnaître ainsi, à une puissance européenne, la prétention qu'elle a aujourd'hui mise en avant, c'est-à-dire le protectorat de la religion grecque en Orient ; elle voulait faire reconnaître l'empereur comme chef de cette Eglise et ne laisser à la Porte d'autre action que celle que lui donnerait la possession de la Palestine. La France refusa cette ouverture ingénieuse, déclarant ne reconnaître comme partie dans cette question que la Sublime Porte ; et elle lui en donna avis.

Avant que la commission nouvelle, nommée par le gouvernement, eût commencé son travail, la Porte voulut encore tenter un moyen d'arrangement qui pouvait mettre fin à ces débats vraiment scandaleux et sans cesse renaissants. Elle proposa tant aux Grecs qu'aux Latins la communauté générale de tous les sanctuaires qui se trouvaient exclusivement entre les mains de l'un ou de l'autre rite. C'était une mesure aussi juste que tolérante, et conforme aux préceptes mêmes de la religion chrétienne. Mais cette proposition ne put rencontrer l'agrément d'aucune des deux parties. La France, cependant, modifia sa demande; au lieu de prétendre à la restitution entière de douze sanctuaires, elle consentit à se contenter de la participation avec les Grecs à trois d'entre ces sanctuaires qui se trouvaient exclusivement entre les mains de ces derniers. Les Grecs ne voulurent pas entendre parler de ce mode d'accommodement.

Enfin, la Porte, perdant tout espoir d'arriver à un arrangement, prit le parti de décider la question d'après le travail que sa commission était occupée à faire.

Après une enquête et une discussion consciencieuse et minutieuse, cette commission présenta au conseil des ministres un rapport, signé par tous ses membres. Ce rapport qui contenait le résumé de tous les actes qui se trouvaient entre les mains des deux parties, et la conclusion que la commission en avait tirée, fut imprimé et distribué aux membres du conseil, afin que chacun d'eux pût l'étudier et arriver à la discussion avec une parfaite connaissance des faits.

La commission, d'après les documens qu'elle avait examinés, n'admettait pas la restitution exclusive des sanctuaires réclamés par les Latins. La grande coupole du Saint-Sépulcre, couvrant un lieu d'adoration commune, disait le rapport, ne pouvait appartenir exclusivement à aucune des deux communautés; et quant à la petite coupole, dont la possession exclusive a été reconnue aux Grecs par les anciens firmans, il déclarait le maintien du *statu quo*, c'est-à-dire sa possession par les Grecs. Pour le tombeau de la Vierge, sanctuaire commun aux Grecs, Arméniens et autres rites chrétiens, dans lequel les Musulmans ont aussi un autel et dont les Latins seuls étaient exclus, la commission avait trouvé intolérant et injuste de ne pas les admettre également à officier dans l'intérieur du sanctuaire même, droit que les anciens firmans leur reconnaissaient. Elle avait décidé, en même temps, pour ne pas trop exciter la susceptibilité des Grecs, qu'aucun changement ne serait apporté à l'intérieur de ce sanctuaire et que les Latins, après avoir officié, enlèveraient tous les objets du culte.

Quant à la grande Eglise de Bethléem, que les Latins réclamaient exclusivement comme un temple bâti par eux, ce que la croix latine de sa forme semble indiquer, la commission reconnaissait que, d'après les

firmans, cette église appartenait depuis des siècles au
rite grec; mais comme sous l'autel de cette église se
trouve la grotte de la Nativité, sanctuaire commun à
tous les rites, et que la nef de l'église avait toujours
servi de passage pour s'y rendre, la commission décida qu'une clef des portes de l'église même et deux
clefs de l'autel seraient remises aux Latins, sans que
cette décision pût en rien changer le *statu quo* de l'é-
glise dans laquelle les Latins ne doivent avoir d'autre
droit que celui de passage. Après avoir reconnu aussi
la jouissance commune aux Grecs et aux Latins de
deux jardins attenant à l'église de Bethléem, la commission décida le maintien du *statu quo* sur les autres
sanctuaires réclamés par la France.

Le conseil des ministres, après un examen approfondi, admit les conclusions de la commission, et comme
le gouvernement avait à cœur, ainsi que l'exigeait son
intérêt, de ne pas s'aliéner l'esprit de ses sujets Grecs,
afin de leur donner une nouvelle preuve de sa sollicitude pour leurs intérêts, il décida qu'en compensa-
tion de ce qui avait été fait pour le sanctuaire de la
Sainte Vierge, seul point où le strict *statu quo*, fût
changé, puisque dans les autres sanctuaires il a été
maintenu d'une manière formelle, le conseil, disons-
nous, décida qu'il serait donné aux Grecs la permis-
sion d'officier dans le sanctuaire de l'Ascension, mos-
quée dans laquelle étaient seulement admis les Latins.

Le rapport du conseil, sanctionné par le Sultan,
ne pouvait que contenter les Grecs, puisqu'ils ne per-
daient rien, même d'après la teneur des firmans qui
étaient entre leurs mains; mais qu'au contraire ils ga-
gnaient un droit qui ne leur avait jamais appartenu.

Cette décision fut communiquée à l'ambassade de
France par une note officielle. On lui fesait, en même
temps, part des raisons pour lesquelles tout autre
mode d'arrangement mettrait la Porte dans un très
grand embarras vis-à-vis de ses propres sujets, et
pourrait lui créer des difficultés de la part de la Russie. La France accepta la note en faisant seulement

une protestation comme réserve pour le maintien de ses droits, tout en promettant de ne donner aucune suite à cette protestation.

Une réponse à la lettre de l'Empereur adressée au Sultan, fut rédigée, en même temps, dans le conseil des ministres. Le Sultan répondait au Czar en disculpant ses conseillers ; il disait qu'un souverain loyal comme l'Empereur n'aurait pas dû reprocher à un gouvernement d'avoir reconnu ses stipulations avec une autre puissance ; que la Turquie ne pouvait laisser mettre en doute, par qui que ce fût, la loyauté qu'elle apportait toujours à l'exécution de ses engagements. Il lui annonçait la décision prise par la Porte, le maintien du *statu quo*, hormis l'admission des Latins dans le sanctuaire de la Sainte Vierge et le nouveau droit accordé en retour aux Grecs dans le sanctuaire de l'Ascension; se référant, quant aux détails, à la communication faite par la Porte à la mission de Russie.

La lettre du Sultan fut remise à cette mission avec des instructions adressées au premier interprète du Divan contenant les détails de cet arrangement.

On voit, par ce qui précède, qu'ainsi que ses coreligionnaires, la Russie a gagné une chose qu'elle n'avait jamais eue, la communication semi-officielle qu'elle a obtenu dans ce cas, ce qui n'avait jamais eu lieu jusqu'alors. Mais, non contente de cette dernière mesure, elle voulut engager encore plus le gouvernement ottoman en demandant la publication d'un firman qui déclarât cet arrangement et le maintien du *statu quo*. La Porte, poussant jusqu'à l'extrême la déférence, céda à cette demande et donna aux Grecs un firman, dont copie fut communiquée, par suite de son exigence, à la mission de Russie.

Ce firman, conforme au fond à la communication faite à la France, causa pourtant une vive irritation au gouvernement français. Il considéra ce firman comme un acte qui aurait pu annuler la protestation qu'il avait faite pour la réserve de ses droits,

et blessant pour sa dignité. Ce fut alors que M. de La-
valette revint à Constantinople en qualité d'ambassadeur, et réclama le rappel de ce firman. Après des
débats vifs et chaleureux, des explications franches et
cordiales, la Porte put non seulement maintenir le
firman, mais faire accepter à la France cet acte émané
de la souveraineté du Sultan et destiné à dissiper des
inquiétudes soulevées dans l'esprit des Grecs au
sujet de leurs priviléges religieux.

Comme il s'agissait de mettre à exécution l'arrangement obtenu avec tant de peines et de difficultés, la
Porte décida qu'elle enverrait à Jérusalem un commissaire *ad hoc*. A'afif bey, beylikdji du Divan (vice-
chancelier) fut choisi pour cette mission. Il avait
été un des membres de la commission et, par ses fonc-
tions mêmes de chef du bureau du Divan, il était la
personne la mieux au fait de tout ce qui s'était passé
et la plus apte à remplir une mission aussi délicate.
Les instructions qui lui furent données étaient rédi-
gées par A'ali pacha, et furent communiquées à l'ambassade de France et à la mission de Russie. Cette
dernière ne fit aucune objection, excepté en ce qui
concernait les clefs de l'église de Bethléem ; prétendant
donner un autre sens à la communication faite à la
Russie et à l'esprit du firman remis aux Grecs, elle ne
voulait pas que l'on donnât aux Latins une clef de la
porte de l'église, seul et unique objet que la France
avait obtenu après un si grand débat, et qui n'était
ni une concession nouvelle ni un dérangement du *statu
quo*, car le document même sur lequel les Grecs s'ap-
puyent le plus, reconnaissait très clairement aux Latins le droit d'avoir cette clef. La Porte ne pouvait
donc croire que la Russie soulèverait quelque objection à une mesure qui était, non seulement conforme
au firman et à la décision de la commission, mais qui
était comprise dans le maintien du *statu quo* promis à
la Russie; elle maintint donc la rédaction de ses instructions et fit partir son commissaire pour hâter une
conclusion qui, en trainant en longueur, n'en excitait

que davantage les passions religieuses et politiques.

Arrivé à Jérusalem, A'afif bey commença à mettre à exécution les ordres que ses instructions contenaient; mais une discussion forte s'engagea entre lui et le patriarche grec de Jérusalem dans laquelle le consul de Russie prit part. C'était la lecture solennelle du firman qui y donnait lieu. — Lorsque ce firman avait été remis au patriarche des Grecs, à Constantinople, en présence des chefs laïques de la communauté, la Porte, prévoyant que trop de solennité donnée à cet acte pourrait exciter la susceptibilité de la France, leur avait fait promettre de ne pas demander la lecture solennelle de ce firman qui, d'après sa teneur même, devait être enregistré au tribunal local et conservé entre leurs mains; et c'est sur cette promesse que la Porte avait, pour sa part, promis à l'ambassadeur de France que, tout en maintenant intégralement ses dispositions, on éviterait dans les formalités tout procédé qui pourrait la blesser. Voilà pourquoi les instructions d'A'afif bey ne contenaient rien à ce sujet. Il fut donc fort embarrassé lorsqu'on lui demanda une solennité plus qu'usuelle pour cette lecture. Cherchant cependant à contenter le parti grec, A'afif bey proposa la lecture et l'enregistrement de ce document sans trop d'éclat; mais les Grecs insistant toujours pour en obtenir une lecture solennelle et en présence de toutes les communautés, chose impossible et dangereuse même dans l'état d'irritation où se trouvaient les esprits dans la Ville-Sainte, A'afif bey se vit obligé d'en référer à Constantinople. Le chargé d'affaires de Russie, prévenu en même temps par le consul de cette puissance à Jérusalem, fit des représentations, non pas au ministère des affaires étrangères, mais au Grand-Vézir, Méhémet Ali pacha, en disant que cette hésitation de la part du commissaire ottoman pour la lecture solennelle du firman était une violation de l'engagement pris par le Sultan vis-à-vis de la personne de l'Empereur, et que la question étant en conséquence engagée entre les deux souverains, il s'adressait à lui, non pas comme Grand-Vézir, mais comme beau-frère du Sultan. Comme dernière concession à la Russie, et pour faire disparaître toute cause de plaintes et de récriminations, la Porte, malgré la promesse qu'elle avait faite à la France, assumant toute la responsabilité, adressa immédiatement des ordres à A'afif bey, pour faire donner lecture du firman, non pas avec des restrictions, comme le prétend la circulaire du comte de Nesselrode, mais avec les formalités usitées, c'est-à-dire dans le grand conseil de Jérusalem en présence du gouverneur, du cadi et des membres des différentes religions.

L'ambassadeur de France irrité, à juste titre, il faut l'avouer, fit de représentations très vives à la Porte, qui réussit cependant encore à apaiser sa trop grande susceptibilité.

Le commissaire ottoman à Jérusalem, après cet incident de la lecture du firman, remplit tous les points de la mission, mais lorsqu'il arriva à la remise des clefs, un nouveau débat s'engagea entre lui et le clergé grec, qui prétendait qu'outre les deux clefs de l'autel, la clef de la porte de l'église qui, d'après les dispositions du firman, devait être remise aux Latins, était celle d'une issue latérale qu'ils possédaient déjà. A'afif bey, après avoir employé tous ses efforts pour faire comprendre aux Grecs que, conformément à la disposition du firman et même à celles des anciens actes qui se trouvaient entre leurs mains, c'est la clef de la grande porte qui devait être remise aux Latins et que l'issue latérale qu'ils possédaient et dont la clef avait toujours été entre leurs mains était entièrement hors de décision, voyant qu'il ne pouvait leur faire entendre raison, se crut obligé de s'adresser de nouveau à la Porte.

Fuad éfendi, alors ministre des affaires étrangères, pour éclairer encore plus sa conscience, soumit la question à une nouvelle délibération du conseil des ministres en y faisant assister les membres Ulémas de la commission. Après un nouvel examen approfondi des pièces, après avoir de nouveau pris l'avis de la commission, le conseil déclara qu'il n'y avait pas lieu de revenir sur la décision primitive, qu'une clef de la grande porte de l'église de Bethléem serait remise aux Latins, qui cependant ne pourraient en rien toucher au *statu quo* de l'église. Un nouveau rapport du conseil fut soumis au Sultan qui le sanctionna , et la Sublime Porte envoya alors à A'afif bey l'ordre d'exécuter cette nouvelle confirmation de l'ancienne décision, et de terminer sa mission en faisant, toujours conformément à la décision du conseil, mettre à la place de celle qui avait été volée, une nouvelle étoile faite par les soins du gouvernement.

Voilà ce que l'on a voulu appeler la duplicité dont ce ministre *fallacieux* (1) se serait rendu coupable.

Lorsqu'en dernier lieu le conseil des ministres discutait cette question de la clef, qui était considérée alors comme la clef de la question, Fuad éfendi ne manqua pas de faire des communications tant directes que par l'intermédiaire de M. N. Aristarchi, à la mission de Russie. Bien plus, comme le cabinet de St-Pétersbourg reprochait à la Porte d'avoir commis la faute la plus grave, en admettant la validité d'un ancien traité, Fuad éfendi déclara être prêt à adresser à la France une note, que le cabinet de St-Pétersbourg, si habile en fait de rédaction de notes diplomatiques, rédigerait, pour dégager la Porte de ses engagements anciens et ultérieurs, et à entrer avec la France dans une nouvelle discussion, pourvu que la Russie fit prévoir une issue plus heureuse que celle qui avait été précédemment obtenue. Pour ce qui regardait la question même de la clef, voici ce qu'il avait proposé aux Grecs et à la mission de Russie, si la remise d'une des clefs de la grande porte inspirait aux Grecs quelques craintes sur des prétentions ultérieures de la part des

---

(1) Note verbale de M. de Menchikoff du 7/19 avril 1853.

Latins : un portier musulman serait nommé, ainsi que cela a lieu dans plusieurs des autres sanctuaires, de sorte que, l'église restant toujours grecque, l'entrée seulement en serait en commun, et le passage, existant depuis les temps les plus anciens, ne pourrait jamais donner lieu à porter atteinte au maintien du *statu quo*.

A ces ouvertures la mission de Russie répondait que la question se trouvant dans une sphère très élevée, c'est-à-dire engagée entre les deux souverains, elle ne pouvait admettre aucun débat diplomatique et n'avait d'autre mission que de prendre acte de ce que le gouvernement ottoman ferait dans cette question.

Tels sont les faits réels, positifs, irrécusables.

Résumons-les actuellement en ce qui regarde les prétentions de la Russie qui parle de violation d'engagemens commise par la Porte, et d'offense faite à la dignité de l'empereur.

D'abord la Turquie n'avait ni traité ni tout autre acte qui pût donner à la Russie le droit d'une prétention légitime à une ingérence directe dans l'affaire de Jérusalem ; la Porte, par conséquent, n'a rien fait, ni de son chef, ni de concert avec aucune autre puissance, qui pût être contraire à un engagement qui n'existait pas. C'est bien, au contraire, la Russie qui voulait forcer le gouvernement turc à violer ses engagements envers une autre puissance.

La France doit regretter autant que la Turquie d'avoir soulevé une question qui a fini par mettre en doute la paix générale du monde ; mais on ne saurait imputer à crime à une puissance d'avoir réclamé, au nom d'un traité, des droits plus ou moins fondés, et d'en avoir demandé l'interprétation entre les deux parties contractantes.

Lorsque la Russie formulait des reproches et se plaignait du ministère ottoman qui avait reconnu la validité d'un ancien traité, le gouvernement ottoman lui répondait que puisque, bien qu'il n'eût aucun engagement solennel avec elle, il admettait, par des considérations politiques, l'ingérence directe de sa part,

comment donc aurait-il pu refuser de négocier avec
une puissance dont les prétentions étaient appuyées
sur un traité? Ce langage empreint d'autant de modération que de justesse, est devenu un nouveau sujet de plainte dans la circulaire de M. le comte de
Nesselrode.

Qu'aurait donc dit M. le chancelier de l'empire si
une autre puissance avait voulu forcer la Porte à méconnaître quelques-uns de ses engagements envers la
Russie?

Quant aux engagements ultérieurs que la Russie
prétend avoir été violés par la Porte, on doit examiner d'abord qu'elle est leur nature et si réellement il
y a eu violation.

L'empereur de Russie, engageant la personne du
souverain même dans la question, a obtenu en réponse l'assurance que le *statu quo* à Jérusalem n'a pas
été violé par la décision qui a eu lieu.

La Porte, d'abord partie dans la question, a été
obligée de devenir juge, malgré les vives réclamations
de la France ; c'était dès-lors à elle qu'il appartenait
de savoir quel était le *statu quo*. Elle a maintenu le
statu quo tel qu'elle le comprenait, et pour le maintien duquel elle donnait des assurances. Si la Russie
veut interpréter ce *statu quo* à sa guise, non seulement
elle serait partie intéressée, mais elle voudrait se créer
juge dans la question.

Le firman donné aux Grecs et dont copie a été
communiquée à la Russie, a été inséré dans tous les
journaux d'Europe. On n'a qu'à lire la clause de cet
acte concernant la remise d'une clef des portes de
l'église de Bethléem aux Latins. Les différents cou-
vents Grecs, Latins, Arméniens, ont toujours eu des
issues particulières pour entrer dans cette église et
pour aller à la grotte de la Nativité, mais l'église n'a
qu'une grande porte, et c'est celle dont la clef a été
remise aux Latins et dont une autre est entre les
mains des Grecs. La remise de cette clef, dont tous
les anciens documents, même ceux qui ont été produits

par les Grecs, prouvaient le droit de possession par les Latins, ne changeait absolument rien au *statu quo*. Si, ainsi que le prétend la Russie, la remise de cette clef avait été contraire au firman, pourquoi donc ce document même aurait-il, à propos de cet acte, parlé longuement du *statu quo* que cette décision n'affectait en rien.

La lettre responsive du Sultan, en donnant des assurances pour le maintien du *statu quo*, se réfère, pour ce qui est des détails, à la communication faite par la Porte à la mission de Russie. Or, le comte de Nesselrode aurait dû examiner, avant de dresser son acte d'accusation, cette communication ; il aurait pu se convaincre que les dispositions de ce document étaient claires, explicites et qu'aucune infraction ni au firman, ni à l'assurance donnée par le Sultan, n'avait été commise.

La note remise à la France est antérieure à toute autre communication ou acte émané de la Porte ; le gouvernement ottoman, sachant parfaitement bien que des actes postérieurs à un engagement officiel ne pouvaient l'invalider, n'aurait été ni assez inconséquent, ni assez illogique pour promettre à la Russie une décision contraire à celle communiquée à la France.

La situation où se trouvait la Turquie entre deux puissances, l'une armée d'un traité, l'autre de son influence sur la population grecque de la Turquie, aurait pu la justifier même si elle s'était trouvée entraînée à donner des promesses contradictoires ; mais nous prouvons, par les documents mêmes que la Russie invoque, qu'il n'y a eu ni contradiction ni violation d'engagements.

La question est tombée dans le domaine public, tout le monde peut la juger.

Voilà ce qui en est de l'engagement et de la prétendue violation des promesses faites à la Russie.

Quant à l'offense ou au manque de procédés, nous dirons seulement que la Porte, par excès de déférence pour la Russie, a blessé à trois reprises différentes la France :

Une commission nommée du consentement des deux parties a été supprimée à la suite des représentations de la Russie, sans même qu'on en ait donné avis à l'ambassade française ;

Le firman, à l'instigation encore de la Russie, a été donné aux Grecs ;

Ce firman a été lu, selon les exigences de la Russie, malgré la promesse faite à la France.

Eh ! bien, dans ces trois circonstances, la France, il faut lui rendre cette justice, animée par un esprit de bienveillance et de conciliation, se contentant des explications que la Porte lui donnait pour sauvegarder sa dignité, et voyant la position difficile où se trouvait la Turquie vis-à-vis d'une puissance voisine et vis-à-vis de ses propres sujets, la France, disons-nous, a montré une modération que la Russie aurait dû apprécier aussi bien que la facilité qu'elle a montrée dans la dernière discussion et que la Russie a reconnue dans la circulaire de son ministre des affaires étrangères.

Quelle est donc l'offense que la Porte a faite à la dignité de l'empereur de Russie ? Est-ce d'avoir dit qu'elle ne peut méconnaître un traité avec une autre puissance, et que la Russie n'en a pas ? La Porte n'avait jamais cru, en disant une vérité, blesser une puissance qui proclamait dans le monde le principe du maintien des droits. La Russie parle d'une offense ; mais elle ne la désigne pas. Quel est l'acte, quelle est la parole qui a pu blesser la dignité de l'empereur au point de le pousser à demander une réparation en attaquant jusqu'à l'indépendance, la souveraineté de la Turquie qui a failli se brouiller avec un de ses alliés par excès de déférence envers la Russie ? Si l'offense consiste dans la violation de l'engagement, elle n'existe pas, ainsi que nous l'avons démontré ; l'offense est donc aussi chimérique que la réparation qu'on demande est injuste. La Turquie avait plus d'intérêt

que la Russie , ainsi que le lui conseillait la politique
la plus vulgaire , à sauvegarder les intérêts et les priviléges de ses propres sujets, et la Porte ne croit avoir
commis aucun acte attentatoire au culte professé par
une grande majorité de ses peuples chrétiens, que la
Russie puisse considérer comme une offense.

Le dernier arrangement est le maintien strict de ce
qui a été fait antérieurement, et s'il renfermait quelque
chose de contraire à sa dignité ou à sa conscience ,
pourquoi la Russie l'a-t-elle accepté ? Si, comme le
dit le comte de Nesselrode, c'était pour ne pas mettre
la Porte dans l'embarras vis-à-vis de la France, pourquoi n'avait-elle pas pris en considération cette situation lorsqu'elle voulait l'entraîner à méconnaître ses
stipulations avec cette puissance ?

Résumons :

Non seulement la question des Lieux-Saints n'a pas
été résolue au détriment de l'Eglise grecque; mais, au
contraire , cette communauté y a gagné un droit
qu'elle n'avait jamais possédé, auquel elle n'avait et
ne pouvait avoir aucune prétention, et que la Porte
lui a concédé de son propre mouvement comme une
nouvelle preuve de sa sollicitude.

Le *statu quo* pour lequel la Russie avait reçu des
assurances, n'a jamais été violé.

La remise de la clef de l'église de Bethléem est conforme, non seulement aux anciens firmans des Grecs,
mais aussi au dernier firman qui leur a été accordé;

Aucun ministre du Sultan n'a rien fait ni contre sa
conscience, ni contre sa responsabilité envers son
souverain ; la Russie n'a à se plaindre d'aucune offense, pas même d'un manque de procédés qui puisse
exiger la moindre réparation.

Nous avons voulu borner notre tâche à élu-
cider cette question des Lieux-Saints qui est devenue
la pierre d'achoppement dans ce grand différend entre la Turquie et la Russie.

L'Europe entière a déjà jugé la nature de la satis-
faction que la Russie voulait obtenir pour une viola-

tion d'engagement qui n'a jamais existé, pour une offense qui n'a jamais eu lieu.

Ce que nous avons dit sera une nouvelle lumière jetée sur cette question que la politique mystérieuse de la Russie a fait tomber dans les ténèbres.

La Russie a donné les assurances les plus positives de son respect pour l'indépendance et l'intégrité de l'empire ottoman. Elle occupe maintenant deux provinces de l'empire comme garantie d'exigences dont la réalisation aurait annulé l'indépendance de la Turquie.

La Russie déclare, en entrant dans ces principautés, qu'elle ne touchera en rien à la position que les traités leur ont créée, et son premier acte est d'engager les Princes à notifier à la Turquie *par ordre supérieur* qu'ils cessent leurs relations avec la Porte, et qu'ils ne lui payeront plus leurs tributs.

Et c'est toujours la Turquie qui a violé ses engagements ! la Russie qui respecte les siens !

Que le monde entier soit juge.

Quant aux ministres ottomans que les pièces diplomatiques de la Russie ont qualifiés de fallacieux, il leur reste une consolation : le jugement (1) qu'un des plus fameux légistes anglais, un homme d'état célèbre, lord Lyndhurst, a porté, dans la première chambre du parlement britannique, sur ces mêmes pièces ; jugement que l'Europe entière a confirmé.

---

(1) Si la circulaire du comte de Nesselrode est authentique, a dit lord Lyndhurst , je n'hésite pas à déclarer que c'est un des documents les plus fallacieux, les plus illogiques, les plus offensants et les plus insultants que j'ai jamais eu le malheur de lire. (*Discours de lord Lyndhurts à la chambre des Lords. Séance du 28 juin* 1853.)